Karlheinz Deschner

Bissige Aphorismen

Rowohlt

Veröffentlicht im
Rowohlt Taschenbuch Verlag GmbH,
Reinbek bei Hamburg, Juli 1996
Die Texte der vorliegenden Ausgabe
wurden dem Band «Ärgernisse. Aphorismen»
entnommen.

Umschlaggestaltung Beate Becker / Gabriele Tischler
(Foto: Peter Peitsch)
Satz Sabon (Linotronic 500)
Gesamtherstellung Clausen & Bosse, Leck
Printed in Germany
200-ISBN 3 499 22061 x

Für Katja, Bärbel
und Thomas (1959–1984)

Inhalt

Religion und Klerus

Metaphysik: Philosophie auf der Fahnenflucht.

*

Ewige Lügen setzen noch keine ewige Wahrheit voraus.

*

Auch Religion ist nur eine Frage der Geographie. Und des Datums.

*

Religionen sind Fertighäuser für arme Seelen.

*

Religionen sind falsche Mittel zur Befriedigung echter Bedürfnisse.

Sowenig man die Liebe den Prostituierten anvertrauen darf, sowenig die Religion den Pfaffen.

*

Sonntagsaffären nennt Lichtenberg die Religionen, Staatsaffären sind es.

*

Gott ist der einzige Herr der Welt, der weniger zu sagen hat als seine Diener.

*

Gott ist zwar nicht des Menschen scheußlichste Erfindung, doch sicher die, die er am scheußlichsten mißbraucht.

*

Gott – das Trojanische Pferd aller Pfaffen.

*

«Um Gottes willen!» – bedeutet das je etwas Gutes?

*

Was ist selbst die Hölle von Auschwitz neben der ewigen Hölle! Was sind alle Endlösungen neben der Endlösung Gottes!

*

Daß Götter stets nur in Menschengestalt kommen, hat noch keinen Gläubigen nachdenklich gemacht.

*

Wenn das kein Wunder ist: ein toter Gott, ein totes Christentum, eine tote Kirche – und Generationen von Pfaffen, die fort und fort davon leben!

*

Jeder hat zunächst den Gottesglauben, den man ihm aufgeschwatzt hat; aber allmählich hat er den, den er verdient.

*

Seit Gott erklärt hat, die Welt sei gut, hat er sich nicht mehr dazu geäußert.

*

Fanatismus ist die Willenskraft der Dummen, derer, die zu allem fähig sind, sonst aber zu nichts.

*

Es ist bekannt, doch darf daran erinnert werden: Die Freiheit eines Christenmenschen beginnt mit der Zwangstaufe.

*

Christentum – die Religion der Frohen Botschaft mit der Kriegsbemalung. Die Liaison eines Gesangvereins mit einer Feuersbrunst.

*

Das Christentum beruht auf verschiedenen Geboten – dem Gebot der Nächstenliebe, der Feindesliebe, dem Gebot nicht zu stehlen, nicht zu töten, und auf der Klugheit, keines dieser Gebote zu halten.

*

«Abstrakt genommen ist der Kommunismus christlicher als das Christentum, in der Wirklichkeit soll er zwanzig Millionen Menschen umgebracht haben.» Und das Christentum?

*

Kirchen sind durchaus kein notwendiges Übel, aber das Übel folgt notwendig daraus.

*

Kirche – eine Praxis, die krank macht, um heilen zu können; die in Nöten hilft, die man ohne sie gar nicht hätte; das Gängeln derer, die noch glauben, durch jene, die es nicht mehr tun.

*

Daß das meiste meiner Kritik am Christentum wenigen bekannt war, bestreite ich nicht. Ich bestreite, daß es den meisten bekannt ist. Und besonders bestreite ich das ihnen Bekannte.

*

Die Bibel, ein seltsames Buch, hat auch seltsame Schicksale. Jahrhundertelang verbot Rom dem Volk, sie zu lesen. Faschistische Regime beschlagnahmten sie. Hitler machte sie, nebst «Mein Kampf», zur Zuchthauslektüre. In Afrika verschwand sie in Lehmziegeln, in der Türkei diente sie als Packpapier, in Lappland zur Fütterung der Schlafsäcke, in China als Kopfkissen, in Arabien als Kamelmistersatz. Benjamin Franklin und Thomas Jefferson zerschnitten sie, sortierten die Verse und klebten, was ihnen gefiel, zu ihrer Bibel zusammen. Und so macht es im Grunde jede Kirche und jeder Christ.

Wer immer wieder Abweichungen vom Evangelium beklagt, verkennt, daß Jesus und seine Jünger theologisch noch in den Kinderschuhen steckten und erst viel später die Päpste deutlich zu sagen vermochten, was der Erlöser und seine Apostel eigentlich gemeint, was sie vielleicht nicht so gesagt oder ganz anders gesagt oder überhaupt nicht gesagt haben, weil sie es noch nicht besser oder gar nicht sagen konnten, doch sicher sagen wollten und auch gesagt hätten, wären sie schon so schlau gewesen wie die Päpste.

*

In Jerusalem opferte sich – dem Vernehmen nach – jemand für andere. In Rom opfert man andere für sich.

*

Alle Kreuzwege führen nach Rom.

*

Meine Radikalität ist geistiger Art, die Radikalität der Kirchen geht über Leichen.

*

Ihre Märtyrer? Die meisten erstunken und erlogen. Bei den echten bedauere ich, daß sie ihr Leben verloren, vor allem, daß sie es auf so dumme Weise verloren haben.

*

Monitum 1. Noch immer kein Patron der KZ-Kommandanten! Nehmt ihren frömmsten: Filipović, den Franziskaner. In Jasenovac brachte er 40000 serbische «Ketzer» um ihren Kopf und starb dafür 1945. Auf die Ehre der Altäre!

Monitum 2. Auch die Henker noch ohne Schutzheiligen. Nehmt Brzica, den Franziskaner-Stipendiaten. Am 29. August 1942 köpfte er in einer Nacht in Jasenovac 1360 Serben. Auf die Ehre der Altäre!

*

Sie verzeihen es mir nie, daß sie so abscheulich sind, wie ich sie geschildert habe.

*

Pleonasmus: scheinheilig.

*

Heilige sind schlechte Leute, die schlechte Leute für gut erklärt haben, um die Menschheit zu bessern.

*

Illusionen müssen sterben, damit Menschen leben können. Was den Leuten als heilig im Kopf steckt, gehört herausgeschnitten wie Krebs.

*

Ich glaube, es bleibt sich gleich, ob der Heilige Geist etwas einem Esel in den Mund legt oder ein Esel etwas dem Heiligen Geist.

*

Wenn die Affen katholisch würden und der Kirche nützten, ich bin sicher, sie spräche einige heilig. – Aber haben wir denn diesen Fall nicht schon?

*

Von allen Heiligen mag ich allein die heiligen Kühe; doch alle andern Kühe gelten mir genausoviel.

*

Pleonasmus: Aberglaube.

*

Glaube, die Frucht der Furcht. Der häufigste Zustand partieller Unzurechnungsfähigkeit – der Krückstock, mit dem Lahme ihre Flüge in höhere Welten bestreiten.

*

Der Glaube versetzt Zwerge.

*

Es gäbe wenig Gläubige auf der Welt, kennten sie ihre Glaubensgeschichte so gut wie ihr Glaubensbekenntnis.

*

Der Gläubige braucht nicht Belehrung darüber, wie gut man mit dem Glauben auskommen kann, sondern wieviel besser man ohne ihn auskommt. Der Gläubige muß erfahren, daß er betrogen wird, ob er das zu erfahren wünscht oder nicht.

*

Daß Glaube etwas ganz anderes sei als Aberglaube, ist unter allem Aberglauben der größte.

*

Vom Weihnachtsfest zur Himmelfahrt – lauter Plagiate.

Pascal: «Wie hasse ich diese Dummheiten, nicht an die Eucharistie usw. zu glauben! Wenn das Evangelium wahr ist, wenn Jesus Christus Gott ist, was ist dann hier schwierig?» Aber «wenn» scheint nicht nur, wie Hebbel meint, das deutscheste aller Worte zu sein.

*

Die Heiligenlegenden entlarvte Luther als Märchen. An den Bibellegenden hielt er fest; am Teufelsglauben auch; am Hexenwahn auch; an der Ketzervertilgung auch; am Antisemitismus auch, am Kriegsdienst, an der Leibeigenschaft, den Fürsten. Man nennt es: Reformation.

*

Man kann so wenig noch einmal glauben, was man wirklich zu glauben aufgehört hat, wie man ein zweitesmal noch lieben kann, was man nicht mehr liebt.

*

Kirchenlieder haben Texte, die selbst der Gläubige nur gesungen erträgt.

*

Ich mag schöne Landkirchen und sehe selbst häßliche immer noch lieber im Dorf als das Dorf in der Kirche.

*

Was die Predigt offenläßt, übertönt die Orgel.

*

Heilige Messe: der Triumph des Knies über den Kopf.

*

Ich meine, es beeinflußt die Wirkung des Vaterunsers nicht, ob man es vorwärts oder rückwärts betet.

*

Beten heißt den Himmel melken wollen.

*

Prediger absoluter Wahrheiten sind immer absolute Lügner.

*

Drei Arten von Menschen werden von Priestern regelmäßig betrogen: junge Menschen, Menschen mittleren Alters und alte.

*

Die wenigsten ahnen, daß der größte Teil der Klugheit des Klerus in der Dummheit der Laien besteht.

*

Zu den traurigsten Pfaffentriumphen gehört, daß selbst wachere Köpfe oft die ganze zweite Lebenshälfte brauchen, um den Blödsinn zu vergessen, den sie in der ersten gelernt.

*

Es gibt kaum einen traurigeren Anblick als eine junge Nonne – ausgenommen eine alte.

Manchmal sehe ich Gesichter unter ihnen, die ich gern im Dienste einer bessern Sache sähe; doch die meisten sehen aus wie die Sache, der sie dienen.

*

Ihre Demut: der Trick, sich klein zu machen, um groß zu erscheinen; die Gier der Ohnmacht nach Macht; der verkappteste Hochmut, die tiefste Stufe der Heuchelei.

*

Demut ist nur eine Form der Rache.

*

Je mehr Würde man für eine Sache aufbietet, desto würdeloser ist sie gewöhnlich.

*

Vordergründig! So schreit jeder Pfaffe, deckt man seine Hintergründe auf.

*

Theologe – einziger Experte ohne Ahnung von seinem Forschungsobjekt.

*

Theologen glauben, der Geist weht, wenn sie Windeier legen.

*

Ein fortschrittlicher Theologe: ein Widerspruch in sich. Wenn ein Theologe fortschreitet, ist er kein Theologe mehr.

*

Progressiv – das heißt die Inszenierung etwas ändern, um das Repertoire zu retten.

*

Das Christentum hat oft aus der Not eine Tugend gemacht, noch öfter aber aus seiner Tugend eine Not.

*

Welche Infamie schon das Wort Unschuld! Als begänne jenseits davon – die Schuld.

*

Jede Josephsehe ist eine Mesalliance. Zum Glück sind die wenigsten Josephsehen Josephsehen gewesen – wie schon die erste.

*

Wie der Klerus doch, was er im Mutterschoß schützt, preisgibt im Krieg; als sammelte er in Weiberbäuchen – Kanonenfutter.

*

Nicht die Sexualkunde verdirbt die Minderjährigen – der Religionsunterricht!

*

Erst wenn man aufhört, sich seiner «Unmoral» zu schämen, schämt man sich ihrer Moral.

*

Gebt Gott, was Gottes, und dem Kaiser, was des Kaisers ist. Das heißt: Was übrig läßt Christus, das holt der Fiskus.

Es ist das ganze Kunststück christlicher Sozialmoral, aus den großen Opfern der Armen für die Reichen kleine Opfer der Reichen für die Armen zu machen.

*

Sicher an der Erlösung ist nur der Erlös daraus.

*

Wo Klerus herrscht, hat Kreuz kein Ende.

*

Die guten Christen sind am gefährlichsten – man verwechselt sie mit dem Christentum.

Über mich selbst

Ich denke, also bin ich kein Christ.

*

Ich will lieber mit den meisten irren als auf meine Weise. So dachte Augustinus. Ich denke umgekehrt.

*

Ich bin anspruchslos, doch schwer zufriedenzustellen. Ich kenne keine richtigen Wege, nur schwere.

*

Fußangeln lege ich nicht – Minen.

*

Meine Skepsis bewahrt mich davor, Fanatiker zu werden – wovor noch kein Glaube geschützt hat.

*

Am wenigsten widerstehen kann ich dem Zweifel. Ich bezweifle alles, selbst meinen Zweifel. Ich glaube wenig und auch das nicht ganz. Skepsis ist für mich keine der «schönen Künste», sondern Teil meiner Existenz.

*

Jede Ungewißheit, auf die ich stoße, flößt mir mehr Vertrauen ein als alle Gewißheit ringsum.

*

Lieber in lauter Zweifeln sterben als um den Preis der Lüge in der Euphorie.

Ich bin Kritiker, auch meiner selbst. Ich habe ein Schafott in mir.

*

Ohne mein Herz ertrüge ich meinen Kopf nicht. Und ohne meinen Kopf wäre ich schon längst das Opfer meines Herzens geworden.

*

Ich bin neidlos – kaum ein Vorzug; Eitelkeit.

*

Viel gäbe ich für Gedanken, die ich nicht haben kann, viel dafür, einige, die ich hatte, nicht gehabt zu haben.

*

Lesen hat nie meinen Schmerz erleichtert. Las ich, litt ich nie sehr, und litt ich, konnte ich nie lesen. Literatur gab mir Trost nur, solang ich keinen brauchte.

*

Mein ganzes Leben geriet ich in Konflikte, die ich vorausgesehen hatte, und je scharfsichtiger ich wurde, desto mehr verschärfte sich meine Situation, als bestünde da ein Zusammenhang.

*

Kam das Glück, sah es selten wie erwartet aus – das Unglück immer.

*

Täglich denke ich an meinen Sohn, und denke täglich, nicht wert zu sein, an ihn zu denken. – Ich werde nicht alt, sagte er manchmal, und immer mit jenem winzigen Lächeln, das wie ein Weinen aussah. – Du und deine Bücher, sagte er. Ich las in Büchern, während er zugrunde ging.

*

Jeden Augenblick hätte ich für meine Kinder mein Leben hingegeben, für die ich doch nur Augenblicke meiner Zeit hergab.

*

Einst saß ich, starrte auf Tausende von Büchern in meinem Haus und überschlug, wie viele Hungernde der Nerz einer Freundin satt machen könnte.

*

Ich weiß, es ist so viel wichtiger, gut zu sein als gut zu schreiben, und doch war es mir immer so viel wichtiger, gut zu schreiben als gut zu sein.

*

Je älter ich werde, desto mehr glaube ich, daß die kleinste Hilfe oft mehr taugt als der größte Gedanke.

*

Wo keine Eifersucht ist, mißtraue ich der Liebe, und wo sie ist, mißtraue ich ihr auch.

*

Ich finde es nicht nur schöner, sondern auch nützlicher, meinem Hund zu folgen als der Obrigkeit.

Ich habe nichts gegen eine Partei. Ich habe etwas gegen alle.

*

Ich habe nicht die Phantasie, mir die Unterwelt schlimmer vorzustellen als die Etagen darüber.

*

Ich würde jedem Diktator huldigen, der als erstes den Unbekannten Soldaten abschaffte – und alle bekannten dazu. Alle Schlächter und alle Schlachter.

*

Ungetrübte Liebe – wie ich für meinen Hund empfinde und er, so hoffe ich, für mich.

Ich triumphiere nicht, wenn der Stier den Torero tötet; endet's aber wie gewöhnlich, trauere ich um den Stier.

*

Die Geheimnisse der Welt ertrage ich gut; nicht die Erklärungen dafür.

*

Ich würde mich für viele Ideen begeistern, wären nicht deren Verfechter.

*

Ich vertrete vieles mit vielen, die ich nicht vertreten möchte.

*

Einziger Grund, warum ich kein Kommunist bin: die Kommunisten. Der Grund, warum ich kein Christ bin: das Christentum.

*

Ich kann die «großen Wahrheiten» nicht sehen, schon wegen des Blutes daran.

*

Despotismus hasse ich – selbst den der Vernunft. Wer nur Vernunft kennt und nichts als Vernunft, kann nicht viel Vernunft haben.

*

Die Naturwissenschaft, sagt Max Planck, brauche der Mensch zum Erkennen, die Religion zum Handeln. Ich hatte weder diese noch jene und war weder untätig noch dumm.

Wer mich nicht liest, weil er um seinen Glauben bangt, ahnt offenbar, daß meine Bücher mehr Vertrauen verdienen als sein Glaube.

*

Ich lasse mich bezahlen, nicht kaufen. Ich brauche keine Arbeit, um Geld zu bekommen, sondern Geld, um arbeiten zu können.

*

Ich hatte keine Zeit, mich um Gott zu kümmern; doch für seine Diener nahm ich sie mir. Wer aber ohne jede Anfechtung aufklärt und Trauer, ist mir fremder als der religiöse Mensch.

*

Konfutse flößt mir fast nur Abneigung ein, Widerspruch. Doch ganz wie er könnte ich sagen: Ich bin nie müde geworden zu lernen, um andere zu lehren, was ich gelernt habe. Dies sind meine einzigen Verdienste.

*

Allmählich unterscheide ich immer schwerer, wo auf dieser Welt das Theater endet und die Wirklichkeit beginnt.

*

Was ich lernte? Von der Philosophie, mein Leben nicht mit Philosophie zu verbringen, und vom Leben, immer weniger vom Leben zu begreifen.

*

Wenn Glück heißt, seine Grenzen kennen und sie lieben, kann ich nicht glücklich sein.

Der einzige Glaube, den ich mir wünschte, wäre der an mich selbst.

*

Allein bin ich manchmal einsam; mit andern oft; in Gesellschaft fast immer. Was mich mehr als alles krank macht, sind die unheilbar Gesunden.

*

Etwas ähnele ich dem Narren Marc Aurels, der im Winter nach frischen Feigen suchte – vielleicht meine größte Torheit. Und vielleicht meine schönste.

*

Licht ist meine Lieblingsfarbe.

Ich bin froh, nicht mehr zu leben, wenn man Bäume in Museen zeigen wird... Aber gerne lebte ich in Zeiten, wenn aus Museen wieder Bäume wachsen.

*

Man hat gesagt, nichts sei trauriger als der Tod der Illusion. Für mich war der Tod eines Hasen, eines kleinen Vogels, war der Tod eines jeden Tieres, das ich sterben sah, unendlich trauriger als der Tod aller Illusionen, die ich hatte.

*

Nichts in meinem Leben fehlt mir weniger als Gott.

*

Wenig ist so schlimm, als am Ende seines Lebens zu erkennen, nicht gelebt zu haben. Dies ist vielleicht schlimmer, als es nie zu erkennen. Am schlimmsten aber, schon früh zu begreifen, daß man lebt, ohne zu leben – und doch so zu leben.

*

Illusionen: keine. Hoffnung: kaum noch. Pläne: immer mehr. Und Zeit: immer weniger.

*

Wie könnte ich glauben, es werde, früher oder später, besser, wenn ich bezweifle, daß es je besser wird – und doch mühte ich mich ein Leben lang, daß es besser werde, eher früher als später.

*

Über mich selbst

Von Zweifel zu Zweifel, ohne zu verzweifeln. Im Grunde bin ich ein aus lauter Zweifeln bestehender gläubiger Mensch.

Geschichte und Politik

Der beste Beweis für die falsche Erziehung der Menschheit ist ihre Geschichte.

*

«Die Geschichte wiederholt sich nicht»; das wiederholt sich dauernd – wie die Geschichte.

*

Man muß die Geschichte kennen, um sie verachten zu können. Das Beste an ihr ist, daß sie vorübergeht.

*

Geschichtsschreibung: der Umsatz von Blut in Papier. Und von Papier in Blut. Schriebe man anders Geschichte, würde sie nicht anders gemacht?

*

Die meisten Historiker breiten den Dreck der Vergangenheit aus, als wäre er der Humus für künftige Paradiese.

*

Spuren kleiner Verbrecher verfolgen Polizisten und Hunde; um die der großen dienern die Historiker.

*

Historiker – ein Hund, der mit den Wölfen heult. Ein rückwärtsgewandter Opportunist.

*

Wer Weltgeschichte nicht als Kriminalgeschichte schreibt, ist ihr Komplize.

*

Wer anders denkt als seine Zeit, muß nicht von gestern sein; wer denkt wie sie, ist es.

*

Wenn die Zeit den Atem anhält, steht ihr gewöhnlich auch der Verstand still.

*

Je mehr Menschen den Kopf verlieren, desto größer der historische Augenblick.

*

Je gläubiger man in die Zukunft blickt, desto weniger hat man sich in der Vergangenheit umgesehn.

*

Robert Walser: «Das Bisherige versperrt dem Kommenden den Weg.» Im Gegenteil. Wer prophezeien will, braucht nur zurückzuschauen.

*

Es gibt nie große Zeiten oder kleine – nur kleine Sprüche und große.

*

Ein Aufwiegler taugt manchmal mehr als alle Abwiegler zusammen.

*

Völker sind wie Kettenhunde, die von Freiheit träumen.

*

Völker sterben schneller unter den Schlagwörtern als die Schlagwörter unter den Völkern.

*

Das Schweigen der Massen ist das Verbrechen, wofür sie büßen.

*

Politisch gesehen hat jedes Land schon für sich mehr Dummköpfe als die Welt verkraften kann.

*

Fehler, die ein ganzes Volk begeht, rechnet es sich gern als Tugend an.

*

Nichts ist entsetzlicher am heutigen Menschen, als daß er sich nicht mehr entsetzt.

*

Menschen, sagt Lec, begreifen alles erst in der nächsten Generation. Der Optimist!

*

Deutsche Denker. Denkende Deutsche? Geist in Deutschland? Weingeist, Sportsgeist, Korpsgeist, der Geist der Truppe, der Heilige Geist... Gärt es in Deutschland, ist es selten mehr als die Hefe im Bier.

*

Beim Wort Revolution erstarrt Deutschland, bei der Mobilmachung wird es lebendig.

In Deutschland schätzt man Tradition; jedes Kriegerdenkmal stärkt die Zuversicht auf ein neues.

*

Die öffentliche Meinung konnte hier stets das Beste verhindern, aber noch nie das Schlimmste.

*

Im Deutschen schlagen sich sogar die Gedanken nieder. Oder sie schießen durch den Kopf.

*

Der Antipode dessen, der keinen Schuß Pulver taugt, ist in Deutschland der Mordskerl.

Das Gegenteil blutigen Ernstes ist für den Deutschen der Mordsspaß.

*

1992 zeigte in München ein Plakat einen riesigen Polizisten, der freundlich zwei Frauen an sich zieht. Unterschrift: «Unser Nachbar ist bei der Polizei. Das gefällt uns.» Ein Staat, der das nötig hat, ist nicht in Ordnung.

*

Jeder Staat beruht auf Macht, jede Macht auf Gewalt, und Gewalt, sagt Einstein, zieht stets moralisch Minderwertige an.

*

Staat: ein Riese, den Zwerge kommandieren; die unanständige Art weniger, auf Kosten aller zu leben.

*

Denkmal: oft zu spät gesteinigter Staatsmann, von Tauben beschissen.

*

Moderne Regierungen brauchen keine Hofnarren mehr.

*

Man kann Realpolitikern nicht mit Ethik kommen. Der Schlachter denkt an Schweine, sagen die Chinesen, wenn du zu ihm von Ideen sprichst.

*

Ideen sind bloß Kulissen auf der Bühne der Welt; vorn stirbt man dafür, dahinter lacht man darüber.

*

Politiker juckt es erst, wenn man sie kratzt.

*

Der politische Ausnahmezustand ist noch stets die Folge des Normalzustands gewesen.

*

Niemand richtet mehr öffentlichen Schaden an als jene, die schwören, ihn abzuwenden.

*

Politik ist die Kunst, für viele möglichst wenig und für wenige möglichst viel zu tun.

*

Das Wort «Freikörperkultur» macht mich frösteln. Bei «politischer Kultur» drehe ich durch.

*

Politischer Moralbegriff: es darf nicht scharf geschrieben, doch scharf geschossen werden.

*

Die Diktatur der modernen Demokratie ist allgegenwärtig und lautlos wie der elektrische Strom.

*

Demokratie ist die Kunst, dem Volk im Namen des Volkes feierlich das Fell über die Ohren zu ziehn.

*

Man spricht gern von Problemen, «die Marx auch nicht löste» – um abzulenken von jenen, die er gelöst hat.

*

Schmiergeld heißt es, wenn die Wirtschaft den Politiker, Subvention, wenn der Politiker die Wirtschaft besticht – kurz: konzertierte Aktion.

*

Hinter dem Geschäft der Politik steht nichts als die Politik des Geschäfts.

Wie viele schon durch jene Kugeln starben, die sie zur Rettung ihrer Arbeitsplätze gossen?

*

Das Hauptwerk des Politikers heißt Maulwerk und spricht für sich. Es kann aus jeder Phrase eine große Idee und aus jeder großen Idee eine Phrase machen.

*

Typisch für den Politiker ist nicht, daß er eine Partei vertritt, sondern daß er jede vertreten könnte.

*

Wer seinen Standpunkt wechselt, muß nicht seine Überzeugung wechseln, wenn das Wechseln des Standpunkts zu seiner Überzeugung gehört.

Einst schrien sie Preußen. Dann Deutschland. Dann Europa. Wer denkt, ist exterritorial.

*

Das Gegenteil des Organischen ist gewöhnlich das Organisierte: offene Mäuler und vernagelte Köpfe.

*

Gehört zur Verstaatlichung der Produktionsmittel denn immer auch die des Gehirns?

*

Auf hohlen Köpfen ist gut trommeln.

*

Je hohler ein Kopf, desto voller das Echo.

*

Die meisten Opfer eines gewaltsamen Todes gehen an einem Schlagwort zugrunde.

*

Lichtenberg nennt das Gehen des Menschen auf zwei Beinen eine Erfindung, die ihm Ehre mache. Vom Marschieren hat das immerhin noch niemand behauptet.

*

Was steckt denn im Wort Soldat? Ehre? Freiheit? Vaterland? Der Sold steckt darin!

*

Nicht der Kriegskrüppel heißt Staatskrüppel; Staatskrüppel heißt, wer sich weigert, Kriegskrüppel zu werden.

*

Was zählt mehr als das Militär zu jenen Dingen, von denen Jean Paul meint, man müsse mit ihnen prahlen, um sich ihrer nicht zu schämen?

*

Ernst Jünger: «Heiliger noch als das Leben muß uns die Würde des Menschen sein.» So ruft man stets, tritt man Menschen mit Füßen. Und tot.

*

Militär ist die Mystik des Mordes.

Wenn Menschen fallen, steigen die Preise.

*

Verteidigten alle Patrioten statt ihres Vaterlands die Vernunft, brauchten sie nicht mehr ihr Vaterland verteidigen.

*

Helden sind Kerle mit schwachem Selbsterhaltungstrieb. Je dümmer, desto tapferer.

*

Angst macht weitsichtig, Helden sterben an Kurzsichtigkeit.

*

Hat eigentlich die Skepsis auf die Schlachtfelder geführt oder der Glaube?

*

Péguy: «Man wird nie kommandiert, wenn man nicht will.» Aber füsiliert, Monsieur!

*

Wie viele beteten schon vor Altären, auf denen sie geopfert wurden.

*

Vielleicht gewisse Denkmäler niederlegen – anstelle von Kränzen?

*

Ein Fortschritt, von dem ich träume: daß Politiker nicht mehr die Welt erschüttern, sondern das Zwerchfell.

Gesellschaft, Recht, Natur

Nichts schafft mehr Unglück auf Erden als die guten Gewissen auf den sanften Ruhekissen, all die Gewissen derer, die dem Bösen dienen im Glauben, daß es das Gute sei.

*

Kein größeres Verbrechen als Gleichgültigkeit. Gleichgültigsein heißt unablässig morden.

*

Wer zufrieden ist mit der Welt, wie sie ist, hat alle mit auf dem Gewissen, die Grund haben, damit unzufrieden zu sein.

*

«Was ist Wahrheit?» Die Wirklichkeit – das Schlimmste, was man über die Wahrheit sagen kann.

Öffentliches Leben: die Heuchelei, auf die man sich geeinigt hat; ein unerklärter Dauerkriegszustand.

*

Daß wir, nach Voltaire, die Welt bei unsrem Ausgang genauso dumm und erbärmlich zurücklassen, wie wir sie bei unsrem Eintritt fanden, wäre noch erträglicher, als sie auch in zweitausend Jahren noch genauso dumm und erbärmlich vermuten zu müssen, wie sie schon vor zweitausend Jahren war.

*

Übersteigt es nicht jedes Vermögen der Menschheit, sich so zu erheben, daß sie moralisch auch nur auf den Hund kommt?

Für die Gesellschaft kämpft nur, wer gegen sie kämpft.

*

Wer nicht Feind vieler Menschen ist, ist der Feind aller.

*

Realist ist, wer die Dinge nimmt, wie sie sind; vor allem, wenn sie ihm nicht gehören.

*

Benehmen kommt von nehmen. Wer nahm, wurde vornehm. Nur wer zu wenig nahm, verriet schlechte Kinderstube und endete im Kerker oder am Galgen.

Pleonasmus: Raubritter.

*

Die längsten Finger hat die öffentliche Hand; manchmal heißt sie Treuhand.

*

Eine Gesellschaft, die wenig oder nichts für ihre Ärmsten tut, tut auf Dauer etwas gegen alle.

*

Auch verschämte Armut ist die Folge unverschämten Reichtums.

*

Reichtum ist selten mehr als der Rest von Verbrechen.

Große Vermögen und große Verbrechen gehören gewöhnlich zusammen wie Dotter und Ei.

*

Gegen Samuel Johnson glaube ich, daß Geldverdienen keine harmlose Sache ist. Und je mehr man verdient, desto weniger harmlos ist es. Und je weniger man verdient, auch.

*

Ich bezweifle nicht, daß ein Unternehmer Geld ehrenhaft verdienen kann. Ich frage nur: hat er es immer so verdient und wird er es immer so verdienen, ja, ist es überhaupt ehrenhaft verdient, wenn er es zwar ehrenhaft verdient, aber mit zuvor unehrenhaft verdientem Geld?

Auch der Besitz besitzt. Und macht besessen. Je mehr Besitz, desto mehr Besessenheit. Besitz ist also nicht nur das Subsumiertsein einer Sache unter meinen Willen (Hegel), sondern ebenso das Subsumiertsein meines Willens unter eine Sache.

*

Was man heute Weltanschauung nennt, ist gewöhnlich Geldanschauung.

*

Volkseigentum heißt es, wenn den meisten das wenigste, Privateigentum, wenn den wenigsten das meiste gehört.

*

Gewiß war der real existierende Kommunismus kein Vergnügen für die Menschen. Aber der Kapitalismus ist für viele auch kein Vergnügen – und für wenige ist auch der Kommunismus ein Vergnügen gewesen.

*

Der Liberale von heute will frei sein, nicht frei machen. Er will oft mehr Ellenbogenfreiheit als Freiheit des Geistes, mehr leben als leben lassen; stets besser leben jedenfalls als die meisten.

*

Noch schlimmer als da, wo es kein Geld gibt, geht es dort zu, wo es viel Geld gibt.

*

Wer die Welt absahnt, dem ist der Bodensatz Wurst.

*

Sie vernichten Getreide – und sammeln Brot für die Welt.

*

Wohin du schaust: Überflüssiges statt Notwendiges. Luxus und Waffen. Absatz und Umsatz. Und während die einen verhungern, sind die anderen schon satt, bevor sie zu essen beginnen. (Daß es immer so war, macht es dies besser?)

*

Alles stieg: das Wachstum, die Spekulation, die Dividende, der Profit. Jetzt steigt die Kriminalität und die Armut – als wäre da ein Zusammenhang.

Das Recht ist keine Vorstufe der Gerechtigkeit – es beugt ihr vor.

*

Recht ist der Fortschritt des Faustrechts in Paragraphen; die Maske der Gewalt; eine Prozedur, bei der die Willkür als Kür auftritt.

*

Ist's Zufall denn, daß recht sich auf schlecht reimt? Daß es uns so oft recht und schlecht geht? Und daß es stets schlechtgeht, wenn's uns recht geschieht?!

*

Frage an Schiller: Kann das Gesetz der Freund des Schwachen sein, wenn es die Mächtigen machen?

Die Bibel lügt. Der Herr schafft nicht jedem sein Recht. Der Herr schafft das Recht der Herren.

*

Warum maskiert sich die Justiz?

*

Die größten Kloaken sind heute die Fernsehkanäle.

*

Fernsehanstalt: Unternehmen, das sich von seinen Opfern bezahlen läßt, statt sie abzufinden.

*

Gegenüber dem Tier ist der Mensch Gewohnheitsverbrecher.

Tierfreunde: erst Lämmchen streicheln, dann Lammbraten; erst den Angler anpöbeln, dann Forelle blau. Jäger mögen sie nicht, Wildbret.

*

Geliebter Lichtenberg: Nicht nur *verbrannte* Braten sind viel schlimmer als verbrannte Bücher!

*

Moralische Bedenken gegen Kalbsbraten? Von seiten der Erzieher nicht. Von seiten der Jurisprudenz nicht. Von seiten der Moraltheologie nicht. Von tausend anderen moralischen Seiten ebenfalls nicht. Von der des Kalbes vielleicht?

*

Wer Tiere ißt, steht unter dem Tier.

*

Verdient eine Menschheit, die Trilliarden Tiere tötet, nicht eben das, was sie dem Tier antut?

*

Eine Gesellschaft, die Schlachthäuser und Schlachtfelder verkraftet, ist selber schlachtreif.

*

Der Mensch, sagt Spengler, ist das Raubtier mit den Händen. Eine euphemistische Metapher, die Banken und Atombombe involviert, Sklaverei und Inquisition, Schlachthäuser und Gaskammern und Genickschüsse und Gentechnik. Das alles ahnt das Raubtier ohne Hände nicht. Es verdummt auch nicht, es betet nicht an, betrügt nicht, lügt nicht, beutet nicht aus, kurz, fast jeden Vorzug hat es außer dem, die Krone der Schröpfung zu sein.

*

Instinkt – abstrakt: die Fähigkeit, sich zweckmäßig zu verhalten, ohne das Bewußtsein des Zwecks; konkret: das, was den Rest der Affen abhält, Mensch zu werden.

*

Seid furchtbar und mehret euch!

*

Der ethische Mensch ist der Freund der Natur, der technische ruiniert sie: Wälder voller Nimmergrün. Zeiten, wo man das Rauschen der Bäume nur noch auf Tonbändern hört. Und vielleicht sogar das Rauschen des Regens.

Lange gehörte es zum Tröstlichen einer Landschaft, daß sie uns keine Vorwürfe machte.

*

Was hilft es den Ratten, das sinkende Schiff zu verlassen, inmitten des Ozeans!

*

Die Herrschaft der Vernunft, wenn es sie je gäbe, machte die Welt nicht zum Paradies, aber bewahrte sie davor, die Hölle zu sein.

Geist und Kunst

Ein Aphorismus ist der Versuch, schon den Ton als Konzert auszugeben.

*

Was ist Langeweile, die Denken vertreiben kann, neben der, die durch Denken entsteht.

*

Oft braucht man viele Gedanken, um einen nicht zu haben; oft viele, um einen haben zu können.

*

Wenn man gewisse Gedanken nicht mit dem Kopf bezahlt, sollten sie's wenigstens wert sein, damit bezahlt zu werden.

*

Alles tiefe Denken entspringt dem Zweifel und endet darin.

*

Denken heißt in Zweifeln sterben.

*

Wissenschaft: nicht nur der Friedhof toter Gedanken, auch ein Terrain ohne Frieden; Spielwiese – und Schlachtfeld.

*

Die großen Wahrheiten, die immer in der Luft liegen, können kaum sehr gewichtig sein.

*

Zur Korrektur Hegels: Je vernünftiger man die Welt anschaut, desto unvernünftiger schaut sie zurück.

Weisheit? Resignation; feiler Konformismus. Das bloße Sichabfinden mit dem, was ist. Die Bejahung von allem trotz allem. Ich hasse Weisheit.

*

Weise sind Kluge, die wissen, wann sie wegschauen müssen.

*

Geist ist imitierbar, Mut nicht.

*

Ironie, Wetterleuchten der Schwermut.

*

Ironie ist unglückliche Liebe zum Leben; der Versuch des Kopfes, sich des Herzens zu erwehren.

*

Es ist leicht, eine fremde Sprache zu sprechen, schwer eine eigne.

*

Den Stil verbessern heißt nicht nur den Gedanken verbessern, sondern sich selbst.

*

Kunst spart aus; Kitsch verstopft die Seele.

*

Kunst ist, was übrigbleibt, ohne zu altern.

Künstler bezahlen, was viele empfangen; Politiker empfangen, was viele bezahlen.

*

Niemand ist stolzer auf ein Genie als die Nachkommen derer, die es kaputtgehen ließen.

*

Es gibt zwei Arten von Literatur: eine junge und eine, die jung bleibt.

*

Ob selbst das schönste Buch den Wald aufwiegt, der dafür stirbt?

*

Schriftsteller: ehrgeiziger Ausbeuter, der seine Ein- und Ausfälle auf Kosten des Verlegers drucken läßt, was ihn reich, den Verleger arm macht und die Buchhändler an den Bettelstab bringt.

*

Keiner schreibt, daß er nichts zu sagen hat; doch die meisten, die schreiben, sagen nichts als das.

*

Aus den Mysterien der Wälder machen wir Papier, um darauf unsre Plattheit zu verewigen.

*

Kritiker leben vom Blut ihrer Opfer.

Rücksichtslos, das ist Voraussetzung gerechter Kritik; rücksichtsvoll ihr Fiasko.

*

Goethes Hohn, die Kritik verfolge die Autoren, aber hinkend, ignoriert, daß viele Autoren hinken, doch nicht alle Kritiker.

*

Die Formel wird uns sprachlos machen.

Mensch und Leben

Mensch: heruntergekommenes Tier.

*

Ein Mensch ist wichtiger als seine Meinung.

*

Ich glaube nicht, daß ein Mensch gewöhnlich schlecht ist; ich glaube nur, daß er gewöhnlich schlechter ist als er glaubt.

*

Warum denkt man bei dem Satz, einer sei zu allem fähig, stets an das Schlimmste?

*

Erstaunlich, wie vieles sich verständigt, ohne Verstand zu haben, und wie viele Verstand haben, ohne sich verständigen zu können.

*

Nicht nur wie wir uns schicken, ist unser Schicksal, auch wie wir geschickt werden. Von vorn beginnt das Leben nicht einmal bei der Geburt.

*

«Ein bißchen gesunder Menschenverstand, ein bißchen Toleranz, ein bißchen Humor – wie behaglich es sich dann auf diesem Planeten leben läßt.» Vorausgesetzt, Mr. Maugham, es kommt noch ein bißchen Gesundheit dazu, ein bißchen Liebe, ein bißchen Geld und noch so ein bißchen von diesem und jenem.

Leben – Vernichtungsschläge. Und Pyrrhussiege. Am schönsten füllt das Leben eine Lebenslüge aus.

*

Im Kopf wird die Welt einsam.

*

Natürlich ist jede Situation, wie Emerson sagt, der verlängerte Schatten des Menschen. Aber auch die anderer Schatten; sogar jener, die niemand sieht – nicht einmal ihr Opfer.

*

Je mehr man verarbeitet hat, desto seltener hört man noch hin.

*

Ein schlechtes Gedächtnis ist noch kein schlechter Verstand: man weiß allmählich, worauf es ankommt – und schenkt sich den Rest.

*

Wer leben will, muß vergessen können.

*

Was man sich selbst nicht verzeiht, ist tödlich.

*

Keiner ist davor sicher, sich mit dem zu verwechseln, für den er sich hält.

*

Ein paar Wahrheiten muß man sagen, um leben zu können; ein paar verschweigen aus demselben Grund.

Wir sind alle so frei wie der Schauspieler im Stück.

*

Im Grunde geschieht alles im Leben so freiwillig wie unsere Geburt.

*

Willensfreiheit: die Wahl zu atmen oder zu ersticken.

*

Man muß sehr wach sein, um gut träumen zu können. Auch beim Luftschloß kommt es auf den Architekten an.

*

Mancher Uhu meint, die Nacht komme seinetwegen.

*

Auf der Pappelspitze kriegt selbst die Blattlaus Größenwahn.

*

Nur nicht auf den Leim, dachte die Fliege und flog der Schwalbe in den Schlund.

*

Wer über den Berg ist – geht abwärts.

*

Wer beleidigt, braucht nicht unrecht haben; es gibt Köpfe, denen man erst Verstand liefern müßte, um sie überzeugen zu können.

Tritt den Leuten nicht auf die Füße, wenn du sie vor den Kopf stoßen kannst.

*

Vorsicht – auf einer Kugel ist alles abschüssig!

*

Liebe: an jemand denken, ohne nachzudenken.

*

Jeder Liebende hat etwas von einem blinden Seher an sich.

*

Liebe ist die Willenskraft der Träumer.

*

Wo Liebe nur mitspielt, hat sie schon verloren; wo sie alles ist, auch.

*

Die Liebe gar nicht gelten lassen oder nichts gelten lassen als sie, ist gleich grauenhaft.

*

Liebe ist ein Berührungszwang. Manchmal begreift die Haut mehr als der Kopf.

*

Liebe – das einzige Metier der Welt, in dem die Amateure besser sind als die Profis.

Nichts Schönres in der Liebe als leigeigen sein – vorausgesetzt, man ist es nicht allein.

*

Zum Schwierigsten einer langen Liebesbeziehung und zum Schönsten gehört es, seinen Hunger zu stillen, ohne den Appetit zu verlieren.

*

Große Leidenschaften brauchen ihre Windstille.

*

Wer liebt, vergleicht nicht mehr.

*

Daß am Anfang, wie Einstein sagt, jeder Gedanke der Liebe, später alle Liebe den Gedanken gehört, mag die Welt etwas heller machen, aber nicht wärmer.

*

Ich wüßte gern, ob alle Liebe zur Wahrheit je so viele Wunder schafft wie eine einzige wahre Liebe.

*

Zärtlichkeit ist das Träumen der Haut.

*

Lichtenberg: «Alles tun in *-eln* ist nicht viel wert, weder wit*zeln* noch schwär-m*eln.*» Und Streicheln...? Selbst im Streicheln steckt noch – der Streich.

Jede Liebe hat Durchlässigkeiten, fließende Grenzen, ihre vorderste Linie, wo man in Bereitschaft, im Kampf liegt – und überläuft.

*

Im Krieg der Liebe rettet häufig seine Haut am besten, wer als erster Fahnenflucht begeht.

*

Manche Liebe ist nichts als ein Irrtum in Waffen, eine Gier in Kriegsbemalung: unentwegte Aufbrüche und Abbrüche, Fehden und Friedensschlüsse, Aufgebote und Feuerpausen, Gefechte zwischen Begeisterung und Begeiferung, Umarmungen und Umgarnungen bis zum Fiasko. Schön ist die Liebe...

*

Liebestragödien auf der Bühne haben wenigstens Pausen.

*

Ehe: einander anstarren wie über Kimme und Korn. Zusammenwachsen wie Kettenhund und Kette.

*

Die meisten Ehen sind Blindgänger oder Zeitzünder und dauern länger als beide Weltkriege zusammen.

*

Genießen und genießen lassen, ohne sich noch sonst jemand zu schaden, ist nicht, wie Chamfort glaubt, die ganze Moral, sondern ganz unmöglich.

Treue? Phantasielosigkeit. Untreue? Dasselbe.

*

Glück macht schamlos, Unglück verschämt.

*

Reue: die sublimste Rache der Vergangenheit.

*

Resignation: der traurige Rest – wenn man sich nichts mehr vormacht und nichts mehr vormachen läßt; der Weisheit Schluß.

*

Kinder, das heißt heute Hochverrat.

Kinder sind künftige Gräber.

*

Es ist nicht so schwer, dem Ansturm des Lebens, aber schwer, seinem Rückzug zu widerstehn.

*

Es ist schwer, alt zu sein, wenn man noch jung ist.

*

Schönste Lebenskunst, schwerste: altern ohne alt zu sein.

*

Kein beßres Mittel gegen Altern, als einfach keine Zeit dafür zu haben. Man kann im Alter noch vieles sein, fast alles, das Schlimmste aber, was man im Alter sein kann, ist nichts zu sein als alt.

*

Als er achtzig war, fragte ich Kurt Hiller, warum er so jung sei. Er schrie: «Der Haß hält mich jung!»

*

Wenn das Leben beginnt, hätte man Grund genug zur Angst, hat aber keine; wenn es endet, hat man Angst genug, aber keinen Grund.

*

Wer seinen Toten nicht treu ist, verrät auch die Lebenden.

Tote sterben, wenn man sie vergißt.

*

Lügt manche Grabinschrift unser Lügenleben nicht noch in Grund und Boden hinein?

*

Die einzige Spur von Wahrheit auf einem Grabstein ist die Verwitterung.

*

Wenn man lang genug wartet, zeigt jeder Mensch einmal Rückgrat.

Über den Autor

Karl Heinrich Leopold Deschner wurde am 23. Mai 1924 in Bamberg geboren. Sein Vater Karl, Förster und Fischzüchter, katholisch, entstammte ärmsten Verhältnissen. Seine Mutter Margareta Karoline, geb. Reischböck, protestantisch, wuchs in den Schlössern ihres Vaters in Franken und Niederbayern auf. Sie konvertierte später zum Katholizismus.

Karlheinz Deschner, das älteste von drei Kindern, ging zur Grundschule in Trossenfurt (Steigerwald) von 1929 bis 1933, danach in das Franziskanerseminar Dettelbach am Main, wo er zunächst extern bei der Familie seines Tauf- und Firmpaten, des Geistlichen Rats Leopold Baumann, wohnte, dann im Franziskanerkloster. Von 1934 bis 1942 besuchte er in Bamberg das Alte, Neue und Deutsche Gymnasium als Internatsschüler bei Karmelitern und Englischen Fräulein.

Im März 1942 bestand er die Reifeprüfung. Wie seine ganze Klasse meldete er sich sofort als Kriegsfreiwilliger und war – mehrmals verwundet – bis zur Kapitulation Soldat, zuletzt Fallschirmjäger.

Zunächst fernimmatrikuliert als Student der Forstwissenschaften an der Universität München, hörte Deschner 1946/47 an der Philosophisch-theologischen Hochschule in Bamberg juristische, theologische, philosophische und psychologische Vorlesungen. Von 1947 bis 1951 studierte er an der Universität Würzburg Neue deutsche Literaturwissenschaft, Philosophie und Geschichte und promovierte 1951 mit einer Arbeit über «Lenaus Lyrik als Ausdruck metaphysischer Verzweiflung» zum Dr. phil. Einer im selben Jahr geschlossenen Ehe mit Elfi Tuch entstammen drei Kinder, Katja (1951), Bärbel (1958) und Thomas (1959 bis 1984).

Von 1924 bis 1964 lebte Deschner auf einem früheren Jagdsitz der Würzburger Fürstbischöfe in Tretzendorf (Steigerwald), dann zwei Jahre im Landhaus eines Freundes in Fischbrunn (Hersbrucker Schweiz). Seitdem wohnt er in Haßfurt am Main. Karlheinz Deschner hat Romane, Literaturkritik, Essays, Aphorismen, vor allem aber religions- und kirchenkritische Geschichtswerke veröffentlicht. Auf über zweitausend Vortragsveranstaltungen hat Deschner im Laufe der Jahre sein Publikum fasziniert und provoziert.

1971 stand er in Nürnberg «wegen Kirchenbeschimpfung» vor Gericht.

Seit 1970 arbeitet Deschner an seiner großangelegten «Kriminalgeschichte des Christentums». Da es für so unruhige und beunruhigende Geister wie ihn keine Posten, Beamtenstellen, Forschungsstipendien, Ehrensolde, Stiftungsgelder gibt, war ihm die ungeheure Forschungsarbeit und Darstellungsleistung nur möglich dank der selbstlosen Hilfe einiger seiner Leser, vor allem zweier großherziger Freunde und Mäzene, erst des Bankiers Alfred Schwarz (zuletzt Luzern), der das Erscheinen des ersten Bandes im September 1986 noch mitgefeiert, den zweiten Band aber nicht mehr miterlebt hat, dann des deutschen Unternehmers Herbert Steffen.

Für sein aufklärerisches Engagement und für sein literarisches Werk wurde Karlheinz Deschner 1988 – nach Koeppen, Wollschläger, Rühmkorf – mit dem Arno-Schmidt-Preis ausgezeichnet, im Juni 1993 – nach Walter Jens, Dieter Hildebrandt, Gerhard Zwerenz, Robert Jungk – mit dem Alternativen Büchnerpreis und im Juli 1993 – nach Sacharow und Dubček als erster Deutscher – mit dem International Humanist Award.

Das literarische Werk Karlheinz Deschners

Die Buchveröffentlichungen in zeitlicher Reihenfolge der Erstauflagen:

1956 Die Nacht steht um mein Haus
1957 Was halten Sie vom Christentum?
1957 Kitsch, Konvention und Kunst
1958 Florenz ohne Sonne
1962 Abermals krähte der Hahn
1964 Talente, Dichter, Dilettanten
1965 Mit Gott und den Faschisten
1966 Jesusbilder in theologischer Sicht
1966 Das Jahrhundert der Barbarei
1968 Wer lehrt an deutschen Universitäten?
1968 Kirche und Faschismus
1969 Das Christentum im Urteil seiner Gegner, Band 1
1970 Warum ich aus der Kirche ausgetreten bin

1970 Kirche und Krieg
1971 Der manipulierte Glaube
1971 Das Christentum im Urteil seiner Gegner, Band 2
1974 Das Kreuz mit der Kirche
1974 Kirche des Un-Heils
1977 Warum ich Christ/Atheist/Agnostiker bin
1981 Ein Papst reist zum Tatort
1982 Ein Jahrhundert Heilsgeschichte, Band 1
1983 Ein Jahrhundert Heilsgeschichte, Band 2
1985 Nur Lebendiges schwimmt gegen den Strom
1986 Die beleidigte Kirche
1986 Kriminalgeschichte des Christentums, Band 1
1987 Opus Diaboli
1988 Kriminalgeschichte des Christentums, Band 2
1989 Dornröschenträume und Stallgeruch

Das literarische Werk Karlheinz Deschners

1990 Woran ich glaube
1990 Kriminalgeschichte des Christentums, Band 3
1991 Die Politik der Päpste im 20. Jahrhundert
1991 Der Anti-Katechismus (mit Horst Herrmann)
1992 Der Moloch
1994 Die Vertreter Gottes
1994 Ärgernisse, Aphorismen
1994 Kriminalgeschichte des Christentums, Band 4
1994 Was ich denke
1995 Weltkrieg der Religionen: Der ewige Kreuzzug auf dem Balkan (mit Milan Petrović)

50 JAHRE ROWOHLT ROTATIONS ROMANE

50 Taschenbücher im Jubiläumsformat
Einmalige Ausgabe

Paul Auster, *Szenen aus «Smoke»*
Simone de Beauvoir, *Aus Gesprächen mit Jean-Paul Sartre*
Wolfgang Borchert, *Liebe blaue graue Nacht*
Richard Brautigan, *Wir lernen uns kennen*
Harold Brodkey, *Der verschwenderische Träumer*
Albert Camus, *Licht und Schatten*
Truman Capote, *Landkarten in Prosa*
John Cheever, *O Jugend, o Schönheit*
Michael Crichton, *Die Lehren des Kaktus*
Roald Dahl, *Der Weltmeister*
Karlheinz Deschner, *Bissige Aphorismen*
Colin Dexter, *Phantasie und Wirklichkeit*
Joan Didion, *Wo die Küsse niemals enden*
Hans Fallada, *Reisevorbereitungen*
Hannah Green, *Kinder der Freude*
Václav Havel, *Von welcher Zukunft ich träume*
Stephen Hawking, *Ist alles vorherbestimmt?*
Elke Heidenreich, *Dein Max*
Ernest Hemingway, *Indianerlager*
James Herriot, *Sieben Katzengeschichten*
Rolf Hochhuth, *Resignation oder Die Geschichte einer Ehe*
Klugmann/Mathews, *Kleinkrieg*
D. H. Lawrence, *Die blauen Mokassins*
Klaus Mann, *Der Vater lacht*
Armistead Maupin, *So fing alles an ...*
Henry Miller, *Der Engel ist mein Wasserzeichen*

50 JAHRE ROWOHLT ROTATIONS ROMANE

Nancy Mitford, *Böse Gedanken einer englischen Lady*
Toni Morrison, *Vom Schatten schwärmen*
Milena Moser, *Mörderische Erzählungen*
Herta Müller, *Drückender Tango*
Robert Musil, *Die Amsel*
Vladimir Nabokov, *Eine russische Schönheit*
Dorothy Parker, *Dämmerung vor dem Feuerwerk*
Rosamunde Pilcher, *Liebe im Spiel*
Gero von Randow, *Der hundertste Affe*
Ruth Rendell, *Wölfchen*
Philip Roth, *Grün hinter den Ohren*
Peter Rühmkorf, *Gedichte*
Oliver Sacks, *Der letzte Hippie*
Jean-Paul Sartre, *Intimität*
Dorothy L. Sayers, *Eine trinkfeste Frage des guten Geschmacks*
Isaac B. Singer, *Die kleinen Schuhmacher*
Maj Sjöwall/Per Wahlöö, *Lang, lang ist's her*
Tilman Spengler, *Chinesische Reisebilder*
James Thurber, *Über das Familienleben der Hunde*
Kurt Tucholsky, *So verschieden ist es im menschlichen Leben*
John Updike, *Dein Liebhaber hat eben angerufen*
Alice Walker, *Blicke vom Tigerrücken*
Janwillem van de Wetering, *Leider war es Mord*
P. G. Wodehouse, *Geschichten von Jeeves und Wooster*

Programmänderungen vorbehalten

KARLHEINZ DESCHNER

Ärgernisse
Aphorismen. 96 Seiten. Pappband

Opus Diaboli
Fünfzehn unversöhnliche Essays
über die Arbeit im Weinberg des Herrn
288 Seiten. Broschiert und rororo 9764

Die Politik der Päpste im 20. Jahrhundert
Erweiterte, aktualisierte Neuausgabe von
«Ein Jahrhundert Heilsgeschichte» I und II
1392 Seiten. Gebunden

Kriminalgeschichte des Christentums
Band 1. Die Frühzeit. Von den Ursprüngen im Alten
Testament bis zum Tod des hl. Augustinus
544 Seiten. Gebunden und rororo 9969
Band 2. Die Spätantike. Von den katholischen
«Kinderkaisern» bis zur Ausrottung der arianischen
Wandalen und Ostgoten unter Justinian I.
688 Seiten. Gebunden
Band 3. Die Alte Kirche. Fälschung, Verdummung,
Ausbeutung, Vernichtung
720 Seiten. Gebunden
Band 4. Frühmittelalter. Von König Chlodwig I.
(um 500) bis zum Tode Karls «des Großen»
624 Seiten. Gebunden